Semikolon

Werner Eckert
Symphonie des Lebens

1. Auflage
C 1999 by Semikolon-Verlag
Zeppelinstr. 29 D-12459 Berlin
Alle Rechte vorbehalten
Satz: Semikolon-Verlag Berlin
Titelbild: Claudia Wilma Wipfler
Herstellung: BoD, Hamburg
Printed in Germany
ISBN 3-00-004569-4

Symphonie des Lebens

von

Werner Eckert

VORWORT

Das irdische Leben besteht aus vielen Stationen, die durch das Schicksal und die Natur mit ihren eigenen Gesetzen geprägt wurden. Alle Stationen oder Teile schließlich ergeben die Symphonie des Lebens.

Diese Gesetze des Schicksals und der Natur kann kein irdisches Wesen durchbrechen. Hier wird nicht gefragt nach Geschlecht oder wer, was und wie du bist. Es ist gut, daß alles so ist, denn hier bestimmt nicht der Mensch, sondern das Schicksal und die Natur.

Hiermit möchte ich einige Stationen in kurzen Texten (Aphorismen und Verse) niederlegen, um dem Leser zu zeigen, wie das irdische Leben sein kann - mit all seinen Gedanken und Gefühlen.

Anno 1999 Werner Eckert

Einsamkeit

Das Alter naht, die Einsamkeit beginnt und wird groß!
Warum wohl!?
Die Alten haben alles getan, wo bleiben Ehre und Ruhm?
Versuche, Neues zu finden im neuen Kreis,
denn alle wollen raus aus der Einsamkeit.

Du bist geboren, um dein Schicksal zu erfüllen.
Lernst laufen, spielen, sprechen und weinen.
Hast du dieses und jenes getan, kommen Schule, Lehre,
Liebschaften und eben das andere Geschlecht.
Hast du all dies getan, kommen Erben auf die Welt,
und das Rad beginnt aufs neu sich zu drehen.
Aber du mußt gehen deinen Weg.
Schade, es wird einst kommen die Zeit,
wo Einsamkeit dich bedrückt,
drum suche Freunde in jüngster Zeit,
um zu vergessen unser aller Einsamkeit.

So alt und allein.
Das Ansehen der Alten läßt nach,
wer will denn noch die Alten!
Am Ende bleiben sie doch in ihrer Einsamkeit.

Wie einsam und schwer können Nächte sein, so allein.

Auch ich hab schon gestanden am Abgrund der Einsamkeit
und fragte mich, wie es weitergehen soll.
Minutenlang geplagt von Verzweiflung:
Wird heute das Ende sein? Hab ich den Mut?
Denke nach:
Die Vergangenheit hatte auch schöne Zeiten, ein Lächeln.
Wenn es auch schwer fällt, denke an die Zukunft,
und Du wirst sehen, Du kommst wieder aus der Einsamkeit,
was auch immer geschehen ist.

Wenn man die einsamen Menschen - Alte und Greise - so sieht...
das tut weh.
Wir versuchen uns zu bemühen, für sie etwas zu verändern.
Aber sie aus ihrer Umgebung zu reißen in andere Orte und Städte,
das ist alles nichts, weil dann die Einsamkeit noch größer wird.

Zwei Menschen gehen Hand in Hand zum Tanz.
Sind die Arme dann geschlossen
und die Bewegung zeigt, wie die Stimmung ist,
wenn allein in der Einsamkeit Du bist und dies siehst,
hast Schmerz und Freud zugleich und sagst ganz leise:
„Oh, könnte ich das sein!"

Ehrlichkeit

Sind wir denn ehrlich mit uns selbst?
JA und NEIN - muß das so sein?
Steh auf und sag JA zu dir,
und das Glück ist dein.

Der, der ehrlich spielt, hat am Ende doch mehr vom Spiel.

Die Zeit mit Dir, sie war so wunderschön,
ich sage Dir - von ganzem Herzen -
dafür ein Dankeschön.

Lange mußtest du auf den Erfolg warten für das,
was du hast geschaffen und mit Ehrlichkeit vollendet.
Es hat sich gelohnt zu warten.

Unsere Gedanken versuchen immer wieder,
uns in die Irre zu leiten.
Darum sei stark und zeige den Gedanken die Ehrlichkeit
und den Weg der Zufriedenheit.

Es ist nicht so einfach, immer die Wahrheit zu sagen,
oder die ehrlichen Gedanken preiszugeben.
Kämpfe an, was nicht ganz leicht, den ehrlichen Gedanken
den Vorrang zu geben.

Derjenige, der lügt, erkennt die Wahrheit nicht.

Sei ehrlich zu dir selbst und belüge dich nicht,
denn dies bringt auf Dauer kein Glück, im Gegenteil:
Das Leben wird zur Qual.

Auf lange Sicht gesehen, hat die Wahrheit immer gesiegt.

Man zeigt sich nach außen oft glücklich,
aber das Innere ist doch allein in der Dunkelheit.
Sollten wir doch nicht etwas ehrlicher sein?

Beim Schreiben frag ich mich:
Sind meine Sinne denn ganz verwirrt?
Doch bei richtiger und ruhiger Betrachtung wird mir klar,
daß alles so ist und war.

Siehst du das Leid der anderen?
Ja, ich kann es sehen und etwas fühlen.
Wie weiß ich das? Weil meine Tränen fließen.

Freundschaft

Freunde findet man nicht auf der Straße;
die Seele, das Herz und der Geist bestimmen -
wo sie sind.

Das Leben war hoch und tief,
doch die Geliebten und Freunde waren lieb.

Wir sehen uns nach Jahren,
die Augen strahlen,
ein Lächeln sagt,
wie schön es einmal war.

Ich hab so manche Nacht
über meine Freunde nachgedacht,
sind diese es noch? Oder sind sie über die Zeit hinweg
doch nur noch gute Bekannte geworden?
Schade, wenn es so wäre.

Freude

Auch eine kurze Freude ist eine Freude!

Wir sollten die Gefühle der Freude mehr zeigen,
um selbst glücklich zu sein.

Wenn Du wirst an Jahren alt, bleibe aktiv
im Umgang mit der Gesellschaft.
Betreibe Hobbys, die Dir Freude bringen.
Du wirst sehen, wie die Zeit vergeht -
und Du im Herzen jung bleibst!

Das Wandern und Steigen in den Bergen
bringt Kraft und Freude,
wenn man sieht den Alpenschnee in seiner
weißen Pracht und umgeben vom Glanz
der Gletscher in den Höhen.

Freude ist,
wenn man mit einer Träne nachempfindet.

„Höre zu!" Höre und lausche dem Gesang der Chöre.
Oh, welch eine Wonne,
den Stimmen vereint in Ruhe zu lauschen!
Das macht besinnlich, glücklich und freudig zugleich.

Die Faszination der Musik,
sei es von Symphonien, Konzerten und mehr,
bringt Ruhe und Freude -
gerade in unsere nicht gute Welt -
und für einige Stunden die Vergessenheit.

Das Spiel spiegelt das Gemüt,
ein Lächeln soll zeigen den Sieg.
Habe Freude am Spiel,
auch wenn du erringst keinen Sieg.

Gib doch Freude, Ehre und Kraft,
dann kannst du sagen am Ende der Straße:
Ich hab's geschafft.

Mögest du die Umwelt verstehen,
denn diese hat Verständnis für dein Geschehen.
Zeige ihr Dank von Herz und Seele,
und du wirst sehen: er kommt zurück.
Dein Geist und deine Seele werden alles verstehen.
Hast du dann die Ruhe gefunden, kommen Lust und Fröhlichkeit,
und deine Gesundheit bleibt bestehen.

Sieh, wie freut sich ein Kind!
Es ist doch schön,
noch so etwas zu sehen.

Die Seele, die gesunde, kann geben Freude, Liebe -
und Selbstzufriedenheit.

Der Mensch, ob groß oder klein -
die Seele ist doch immer gleich.
Darum freut euch über jede Sekunde,
die Fröhlichkeit in jeder Stunde.

Erzähle, was du erlebt hast,
mit Freude von seiner und deiner Familie,
er dann unter kleinen Tränen glücklich lauscht.
Das macht froh den, der erzählt und das Vernommene -
WEITERGEBEN KANN!

Gönne Dir zu jeder Minute und Stunde
die Freude in jeder Runde.

Es ist etwas Schönes,wenn der Weg uns zur Vermählung führt.
Die Freude ist groß zu dieser Zeit und Stunde.
Glück - Gesundheit - Freude und Hoffnung
sollen sie weitertragen.
Sollten Nachkommen kommen, mit den Jahren mögen diese
in der Kindheit, der Jugend und im Alter dasselbe erfahren.

Wer lacht mit Bedacht,
hat auch andern eine Freude gebracht.

Wenn ich sehe den Sonnenaufgang in den Bergen,
der Bergfels blinkt das rötliche Gold,
der Himmel strahlt das Blau.
Oh, wie köstlich!

Alles, was du mit Freude und Liebe tust, mach's,
doch bitte füge dem andern keinen Schaden zu.

Die Narrenzeit ist die Zeit der ausgelassenen Fröhlichkeit.
Man wird tanzen, lachen und weinen, wie es auch immer sei.
Viele zeigen ihr wahres Gesicht und stellen sich dar,
wie sie möchten sein.
Und wie schon oft geschehen,
nach langer Zeit kommt ein Zögling aus der Narrenzeit.

Hast Du einmal Wehmut, dann schreie - und schreie laut hinaus:
„Oh, oh ihr Hirten der Freude, laßt uns Freunde sein."

Reise nach deiner Lust, wenn du hast die Zeit,
erweitere deinen Geist mit dem, was hast du gesehen.
Die innere Freude wird immer bleiben Dein.

Erzähle nicht nur von dem, was war;
erzähle, was wird noch sein,
um in Zukunft glücklich zu sein.

Funke

Zwei Strahlen treffen sich, ein Funke ensteht.
Das Dunkel wird plötzlich hell und grell.
Das Blut kommt in Wallung, eine Röte entsteht,
weil der Funke sich löst.
Die Nerven liegen blank,
weil die Einsamkeit geht dahin.
Das Glück beginnt wie der Wind,
drum nütze jede Sekunde in jeder und jener Stunde.

Erst wenn es dich einmal trifft, merkst du, wie es war - und ist.

Siehst du einen Menschen, der nicht so geboren wurde wie du?
Schau ihn an, sprich ein Wort;
er wird es dir danken mit einem lieben Blick.

Versuche nicht dem andern
deinen Geist und Willen aufzuzwingen,
das wird dir nicht gelingen.
Gehst du aber mit Vorsicht und Bedacht an die Sache,
dann kann es begeistern - und der Funke wird überspringen.

Von den Klängen der Musik die Herzen öffnen sich,
man tanzt einmal mit Schwung und auch ganz stumm,
die Augen treffen sich im hellen Glanz.
Ach, wie schön ist dieser Tanz!

Das Schicksal hat es so gewollt,
daß Ihr Euch habt gefunden und gebunden.
Glück und Freude soll bestehen für alle Zeit.
Kommt einmal Donner auf, denkt an den Blitz,
der Euch das erste Mal vereint im Geist.
Ein Lächeln wird Euch zeigen dann:
Das Schicksal hat es gut gemeint.

Glück

Der Morgen grau und dicht, so wie der Nebel ist.
Die Stimmung ist dem Nebel gleich,
doch schau - schau, da kommt das Sonnenlicht,
Herz und Seele strahlen vor Glück.

Ein glückliches Raunen der Freude
geht durch den Körper,
wenn ich sehe, wie die Natur erwacht -
mit ihrer vollen Kraft.

Hast du Glück, behalt's nicht für dich,
gib auch du dieses Glück an den,
der sucht fortwährend Glück.

Bist du einmal niedergeschlagen,
sprich mit Dir, gib Hoffnung Dir:
Es war schön, ist schön, das Glück ist mit Dir.

Laßt uns in das Kämmerlein,
vereint und froh soll es sein.
Das Glück, es springt, fühlt ganz sacht, wohin!
Es schwebt die Seele, das Gefühl bis ins All,
im Himmelszelt vereint, solange bis wir sind eins.
Die Tränen fließen, das Glück ist da,
die Angst vor dem Erwachen kommt.
Ach Glück, oh Glück!
So sollte es immer sein, bis uns ruft die Ewigkeit.

Hand in Hand zu zweit den Gedanken hingegeben,
so geht ihr glücklich hin des Weges.

Gehst du abends durch die Gassen und siehst,
wie fröhlich die Menschen lachen, und denkst:
„Ach, wie bin ich froh und glücklich, mich hab' aufgerafft,
um in die Gassen zu gehen."

Sag auch Dir liebe Worte und lächle selbst mit Dir,
Du wirst sehen, der freie Atem kann beginnen.

Seht euch um, die Kinderaugen strahlen wie das Sonnenlicht
und bringen jedem, der Wahrsinn hat, das Glück.

Kraft

Hast du gegeben deine Kraft den Kindern mit Tatendrang,
warte nicht auf Dank, denn vergessen ist alles.

Im Frühling die Natur erwacht,
sie zeigt die volle Blütenpracht
und gibt uns selbst die Willenskraft.

Der Morgennebel kommt und geht.
Die Sonne hat die mächtige Kraft, uns zu zeigen,
die eigene Macht.

Am End deines Laufes, wenn du noch hast die Kraft,
dann sage ganz einfach mit Bedacht: Ich habe es geschafft.
Es war einmal.

Hast du verloren deinen Lebenswillen,
versuch mit aller Kraft, ihn wiederzufinden.
In aller Stille und all den Gedanken schaue in die Sternennacht,
am Morgen dann die Sonne kommt wie ein Feuerball,
das Meer still sich verhält, du kannst auch sehen, wie die Möwen
in Ruhe ihre Flügel schwingen.
Konzentriere dich darauf, und du wirst sehen,
dein Lebenswille kehrt zurück.

Leben

Ja, das Leben ist irdisch, die Zeit beschränkt,
noch können wir nicht alles verrichten -
obwohl es gäbe noch viel zu richten.
Des Schicksals Los bestimmt,
was ist noch zu richten oder gar zu tun.
Hättest du aber keine Hoffnung mehr,
dann wäre das Leben nicht mehr lebenswert.

Empfindest Du den Schmerz eines anderen,
dann weißt Du, was Schmerz bedeutet.

Besteht in unserer Gesellschaft auch die Möglichkeit,
daß arme Menschen jemals ihr Recht bekommen?

Den Leidensweg muß letztlich
jeder alleine gehen.

Nehmet Gutes an, weiset Schlechtes zurück,
damit Ruh' und Ordnung ist.

Menschen sind zum Leben geboren,
aber nicht zu streiten der irdischen Güter willen.

Ist die Welt groß oder klein, wir Menschen gehören hinein.
Doch ist eben dieser Mensch auf dieser Welt
immer bereit, rein zu sein?
Wir alle sollten uns bestreben,
so zu leben - und dem andern zu geben.
Der Dank wird kommen ganz bestimmt, wenn die Zeit es will.

Warum sind Menschen teils so böse und schwach?
Weil der EGO sie mit Gier, Neid und Haß beherscht.

Vergeßt ihr, daß ihr nicht immer bleibt? Versucht doch nun end-
lich - ja endlich - friedlich zu sein in eurer kurzen Zeit.

Schaue nicht immer zurück, schaue in die Zukunft,
denn diese bringt Dir Mut und Hoffnung.

Mit der Vergangenheitsbewältigung kann man nur leben,
wenn du sagen kannst, dir geht es doch gut.

Schaue täglich auf das, was geschieht -
sei es gut oder böse -
und versuche das Gute zu sehen.
Dem Entgleisten sollst Du helfen,
daß das Böse wird nicht mehr geschehen.

Hast Du niemals etwas gegeben,
dann erwarte keinen goldenen Regen.

Hast du die Sprache zum Sprechen?
Dann sprich, es wird dir helfen, dich zu lehren,
den Menschen zu sagen, was du gelernt hast in all den Jahren.

Ein Mensch wie du und ich, der gesund geboren ist;
darum sei froh, daß du es bist, und spotte nicht.
Auch der andere ist gut und hat Mut.

Jede Sekunde, Minute und Stunde sind doch Zeiten
und alle wollen leben in diesen Zeiten.
Warum können wir Menschen die Zeiten nicht immer erfüllen
mit Liebe, Vernunft und Ehrlichkeit!
WARUM? Weil wir Menschen unvollkommen sind.
Die Uhr, die läuft mit ihrer Zeit,
wir Menschen gehen nach diesen Zeiten - bis zu der Zeit,
wo die Uhr keine Zeit mehr zeigt.
Drum wünschen wir uns zu jeder Zeit,
daß die Zeit der Zeiten nicht stehenbleibt.

Hallo Mensch! Hallo, hier sind Menschen wie du und ich.
Was soll nicht vergessen sein?
Wir alle sind Gast auf dieser Erde und wollen
gerade nun im Alter - ja, im Alter - sein wie jedermann.

Das Leben ist geboren und geschaffen wie - wo auch immer -
nach dem, was war. Es wird gelöscht mit deiner Asche, wahr.

Was immer das Übel der Menschheit ist,
wir können im weitesten Sinn nicht helfen;
was bleibt: Zuspruch, Trost und Hoffnung.

Das Schicksal kann so friedlich und so grausam sein.
Man fragt sich immer: warum gerade ich?
Diese Frage wird für die Zeit unseres irdischen Daseins
unbeantwortet bleiben.

Es ist nicht der Mensch, der das Schicksal bestimmt.
Nein. Das Schicksal herrscht über all den Dingen,
was auch immer sei und geschieht.

Nicht immer sind Worte Taten.
Nein, sondern das, was wir vollbringen und beenden,
das sind Taten.
Hast du etwas Gutes gemacht, dann bist du glücklich.

Der Mensch soll endlich verstehen lernen,
daß der Fortschritt der Technik nicht nur ein Wunder ist,
sondern eine Unvollkommenheit bleibt,
die den Menschen helfen,
aber auch großen Schaden bringen kann.
Nur der kann dies verstehen,
den es einmal selbst getroffen hat.

Versuche einmal einen Freund oder einer Freundin,
die alt und einsam ist,
in deinen Familienverband mit einzubeziehen,
als sei es Schwester oder Bruder.
Du wirst sehen, wie wieder ein Aufblühen beginnt
und wie etwas geschaffen wird, das Herz und Seele erfreut,
so wird auch deinem Leben ein weiterer Sinn gegeben.

Das Schicksal kann auch grausam sein
und löscht das Leben aus -
aber sind wir denn nicht auch manchmal grausam?

Der Tod kann kommen, wo und wie auch immer.
Schmerz, Kummer und Leid sind groß, man fragt sich:
warum denn so manche Qual zur Lebenszeit?
Das ist der Lauf der Irdischen auf dieser Welt,
versuche dies hinzunehmen, ohne Qual,
damit auch du den Sinn des Lebens erkennen kannst
sowie verstehen.
Das Rad wird sich für dich noch weiter drehen,
bis es einst bleibt stehen.

Die Natur und das Schicksal haben uns das Leben gegeben -
und werden es wieder nehmen.

Was nützt Dir alles Geld der Welt?
Nicht, wenn die Gesundheit nicht mehr will
und die Seele sucht die ewige Stille.

Wir Irdischen sind nicht geboren, um allein zu sein,
die Natur hat bestimmt, daß wir Herdenmenschen sind.

Das Schicksal wird uns Menschen ein Leben lang begleiten,
wo wir auch immer sind.

Das Gerechte auf diesem Erdball ist der Tod,
denn jeder muß gehen den Weg des Todes.

Mitten in der Nacht wurde ich schweißgebadet wach:
Was ist mit mir geschehen, sind es Ängste, Sorgen oder was?
Sprich mit dir ein fröhliches Wort,
habe doch keine Angst oder Sorgen.
Du hast doch schon so viel gemacht und geschafft,
und wenn am Morgen du wieder erwachst,
hast auch vergessen so manches von dieser Nacht.

Ihr Kinder,da ihr nun erwachsen seid,
habt ihr denn ganz vergessen die Kinder und Jugendzeit?
Wir haben Euch erzogen mit Freude, Liebe und unserer Kraft
in schlechten und in guten Zeiten.
Das Erbe ist für Euch bestimmt.
Aber bitte, bitte - laßt uns im Alter noch etwas leben von dem,
was geschaffen ist.
Wartet nicht auf unser irdisches Ende.
Vergeßt nicht: Wenn das Schicksal es so will,
kommt auch Ihr einmal in das Alter.

Die Stürme ziehen über das Land.
Die Stimmung ist wie der Wind und weiß nicht, wie ich, wohin.
Das Blut fließt mit Wallung durch die Adern, bin ganz nervös.
Versuche mit aller Kraft, Geist und Seele ruhig zu halten,
und warte, bis der Sturm ist vorbei.

„Oh je, hab ich einen Seelenschmerz! Warum muß das sein?"
Denke nicht, nur du empfindest diesen Schmerz,
auch anderen geht es so wie dir,
darum ertrage ihn mit frischem Geist und neuen Ideen,
dann wird der Schmerz vorübergehen.

Wo ich auch immer bin,
habe nicht vergessen meine Stätte der Heimat,
wo ich geboren bin.

Am Felsenstrand stehe ich und sehe ganz bewußt übers Meer,
das blau und silbrig glitzert im Sonnenlicht,
friedlich sich die Wellen überschlagen,
denke still und lächele etwas: Ist doch schön, ein solches Leben.

Erzähle nicht nur Du, sondern höre auch dem andern zu,
auch er hat das Recht zu sagen, was er gedacht und erlebt hat.

Gebt Euch doch ein freundliches Wort,
damit das Gespräch Anregung bringt und Freude macht.

Suchen und forschen wir nicht alle
nach mehr Wahrheit und neuem Wissen?
Ja. Und hören wir damit auf,
kommt eine Öde und Langeweile auf,
und der langsame Tod ist dann nicht mehr weit.

Oft wird gesagt: „Sei vernünftig!"
Ist der, der das sagt, denn auch wirklich vernünftig?

Sehe, was geht hier vorbei!
Ist doch eine Schönheit, das Weib!

Vergiß bitte nie, daß auch andere haben ein Gefühl.

Versuchst Du deine Stimme ruhig zu halten,
dann wird der, der hört, sich ebenfalls ruhig verhalten.

Nichts kann fieser sein als der menschliche Gedanke.

Die Jugend ist zum Teil noch unbefangen mit ihren Gedanken,
wäre das anders, würde sie keine Erfolge haben.

Wo zwei Menschen sind vereint in Freude und Leid,
kann der dritte schon lästig sein.

Hätte der irdische Mensch mehr Verstand,
müßten Kriege nicht sein.

Der Mensch, zum Herdentier geboren, kann nicht sein allein,
denn Wehmut und Einsamkeit würden sein Begleiter sein.

Erwachst du am Morgen,
recke und strecke Dich:
Oh, wie schön ist der Morgen.

Hör dem Erzähler schweigend zu, verarbeite dies in Ruh,
und du wirst finden, was du suchst.

Um über das Leben sprechen zu können,
muß es erst einmal durchlebt werden.

Du wirst geboren, um zu sterben - und was lag dazwischen?
Freude, Kummer, Liebe, Leiden und Sorgen.
Das ist unser aller Schicksal, denn jeden trifft das Los.

Hast du dies und jenes geschafft, sei froh und lache.

Der Tod ist kaum zu verstehen,
aber wir Irdischen müssen alle diesen Weg gehen.

Die Glocken läuten,
das Schicksal hat mein Liebstes genommen,
habe nicht einmal Abschied nehmen können,
noch viel wäre zu sagen,
nun bleiben nur noch offene Fragen.

Das Schicksal kennt teils keine Gnade und schlägt zu,
weshalb und warum, ist nicht zu ergründen.
Das zeigt an, daß wir Menschen nicht überirdisch sind.

Bist du einmal von der Tagesarbeit abgeschlafft und schlapp,
zieh dich zurück in die Dunkelkammer,
denk an das Schöne, was du einstmals geschaffen -
oder erlebt hast.

Hast du verloren deinen Lebenswillen, versuch mit aller Macht,
deinen Willen wieder zu finden.
In aller Stille und all den Gedanken sehe auf die Sternennacht,
am Morgen dann die Sonne kommt wie ein Feuerball,
das Meer still sich verhält,
kannst auch sehen, wie die Möwen in Ruhe
ihre Flügel schwingen,
konzentriere dich auf das, und du wirst sehen,
dein Leben wird wieder so, wie es war.
Versuche deine Gedanken zu ordnen,
damit die Seele und das Herz das Gleichgewicht wieder haben.

Trost und Rat kann man Dir geben,
doch den Weg mußt du alleine gehen.

Liebe

Deine Augen strahlen wie das Licht.
Dein Mund ist wie ein Gedicht.
Dein Geist die Wahrheit spricht.
Dein Körper ist, wie er ist.
Deine Haut ist die Hülle deiner selbst.
Deine Seele ist gut und rein,
eine Falte, gleich welches Alter, ist ebenso wie sie ist.
Darum lieb ich dich, wie du bist.
Wir haben uns nun endlich gefunden,
darum laß Glück und Liebe uns für immer binden
und gönnen uns die Jahre und Stunden.
Die Gefühle bringen uns Liebe, Treue und Geborgenheit.
So ist es gut, nun laß die Verse sein.
Wir lieben uns für alle Zeit.

Dein Körper - wie ein Feuerball - bringt
Wärme, Kraft und Freude,
er wird gelöscht sogleich,
bis zum nächsten Mal,
wo er mir auf's neue erscheint.

Der Lockruf der Natur hat es verstanden,
die Weiblichkeit mit ihrer Schönheit und Fülle zu versehen,
um uns Männer zu locken, um das zu erfüllen,
wonach wir uns sehnen.
„Vielleicht sind es nur Träume ...?"
Nein, das kann nicht sein, wir haben doch rotgoldenes Blut
in den Adern, das uns in seelischer Bewegung hält.
Sollte der Lockruf uns jemals die Sinne
und Gefühle rauben,
dann ist das seelische und sinnliche Glück dahin
und die Wollust beginnt.
Ach, wie schön ist doch die Gabe der Natur!

An traurigen Tagen denke an die Venus -
sie steht für Liebe und Schönheit.

Im Sternenglanz der Nacht: die Liebe sich findet -
und für immer bindet.

Gehst du allein oder mit Freunden des Weges im Walde,
hörst du das Singen und Rauschen,
so sage laut oder leise: Ich liebe das Leben!

Ein Geschenk, die Gabe der Liebe.
Ja, wenn sie von Herz und Seele kommt.

Wie schlief ich gut in dieser Nacht,
weil der Liebesakt ist und war vollbracht.

Man kann es nicht hören - sehen - und fühlen,
wenn man es nicht erlebt hat: Die Liebe!

Hast du die Liebe einst gefunden,
freue dich und sage es weiter, damit auch andere sich freuen.

Der Computer in unserer Zeit bringt viel Freude - Beweglichkeit
und Leid, vergiß nicht zu dieser Zeit des Menschen Zärtlichkeit
und Liebe,
drum gib bitte - bitte acht auf das, was du noch hast -
außer der Computertätigkeit .

Schade, daß Menschen so leicht vergessen,
was wir einst mit Liebe haben besessen.

Im Sternenglanz der Nacht
die Liebe sich findet und für immer bindet.

Ein irdisches Geschenk, ist dies eine Gabe der Liebe?
Ja, wenn es von Herzen und von der Seele kommt.

Jeder soll sich lieben mit Recht,
doch vergessen soll er nicht zu geben den
andern auch dieses Glück.

Liebe kann nur der geben, der weiß, was Liebe ist.

Wir sehen uns nach Jahren,
die Augen strahlen,
ein Lächeln sagt,
wie schön es einmal war.

Mut

Sind wir Geschlechter ängstlich oder ohne Mut?
Die Geschlechter sind verschieden:
Ich seh dich und hab Mut! Oder:
Ich möchte dich sprechen!
Ich frage, was soll ich machen!
Ich hab ein Herz, das flimmert!
Ich hab das Verlangen, dich zu hören!
Ich hab das Gefühl, dich zu halten!
Sollten wir nicht mutiger sein, um zu erreichen unser Ziel?
Ja, das sollten wir. Aber - wo bleibt der Mut?

Es gab schon immer gute und schlechte Zeiten.
Habe Mut zu jeder Zeit, ob alt oder jung,
grolle nicht nur: „Oh, mir geht es schlecht."
Schau dich doch mal um!

Hast du jemals eine Niete im Leben gezogen?
Macht nichts. Auch diese wirst du einmal los.

Du wirst geboren, wie die Natur es bestimmt,
doch das Leben geht wie der Wind, hat deine Richtung bestimmt.
Bleib rein - und gut, hab Mut zu dieser Zeit,
damit auch hast's gut zur Lebenszeit.

Sag auch dir liebe Worte und lächle selbst mit Dir,
du wirst sehen, der freie Atem kann beginnen.

Hab Mut!
Denke und glaube an dich,
dann lassen dich Geist und Seele nicht im Stich.

Ach, was ist das für eine Qual,
wenn zwei sich lieben und doch auseinander gehen.
Der Geist springt ganz verwirrt, die Seele spürt, das Ende naht.
Bitte habt doch Mut, miteinander zu sprechen in Ruhe -
wie das erste Mal,
wo ihr Euch habt gefunden,
wenn auch Ihr nicht mehr zusammenfindet,
aber die Freundschaft der Liebe kann entstehen und bindet.

Manchmal verläßt mich der Mut, soll ich schreiben?
Ja und nein - doch das Innere sagt, folge Deiner Stimme nur,
sie führt dich mit Gefühl zum Sagen und Schreiben, was du
fühlst.

Wenn man so hört und sieht den Streit um die Macht,
kein Respekt und Achtung werden gezollt,
und wir, das Volk, sollen dann noch Glauben finden
oder gar all denen Respekt zollen!
Unsere Mahnung kann nur sein:
Seid doch bitte ehrlich und habt selbst Respekt vor Euch.

Habe immer weitere Ziele, ob jung oder alt,
dann nämlich bleibst du jung.

Natur

Die Sonne bringt Wärme und Licht.
Der Mond und Sterne leuchten uns.
Das Überirdische hat die Macht über Leben, Schicksal und Tod.
Wir Menschen, Menschen wie du und ich,
müssen uns fügen, beugen dieser Macht.
Die Macht ist gut.
Sie, eben diese Macht,
fragt nicht nach reich, arm, böse oder brav.
Sie, gerade diese Macht
hat eben die Kraft.
Auch diese wird jedem bringen zu jeder Zeit die Ewigkeit.

Die Berge rufen. Kommt zu uns in die Höhe,
wir zeigen euch Menschen
Blumen der Alpen in Farbe und Pracht,
wie die Natur sie hat erschaffen.

Geht im Frühjahr in das Alpenland.
Dann seht ihr,
wie sich der Enzian
in seiner Schönheit und Farbe entfaltet.

Die Gipfel der schneebedeckten Berge
ragen majestätisch in die Höhe.
Das Wunder der Farbenpracht beginnt,
wenn morgens die Sonne lacht
und abends im dunklen Abendrot versinkt.
Vergessen soll das Schauspiel der Erde
nicht sein.

Seht auf eurer Tour, in die Höhe nur.
Ein alter Schornstein sich erhebt,
darauf ein Storchennest besteht.
Der Storch brütet in seinem Nest das Ei aus,
und ein Storchenkind kommt heraus.
So will es die Natur und gebt BITTE acht,
daß dieses Fabeltier uns noch lange Freude macht.

Schau dich um und du weißt warum.
Die Schönheit der Natur bleibt nicht stumm,
sie hilft, die Freude zu finden.

Alle freuen sich auf das Neugeborene in dieser Welt:
Mensch, Natur und Tier.
Schade, wie schnell ist dies vergessen,
drum gib doch BITTE - BITTE acht,
daß nicht vergessen wird die Pracht.

SCHAU, schau was dort blüht! Ist es nicht die Blüte der Natur?
Gib acht, daß diese bleibt in der irren Zeit.

Die Natur hat gegeben die Blütenpracht
mit ihren zarten Farben und Formen,
die all auch in den Winden glitzern.
Oh welche Pracht!

Wir alle sehen, ja: sehen die Natur, wo auch immer wir stehen.
Ist doch schön, all dies zu sehen!
Oh, wenn alles so bliebe, oh wie schön!

Das Laub fällt ins kühle Naß, die Sonne strahlt.
Mit Farbenpracht in rötlichem Gold und Gelb ist der Herbst be-
dacht.

Die ersten Blüten kommen.
Oh, schau! Die Natur erwacht.
Sieh doch, der Lenz ist da mit seiner Kraft.

Die Erde wird mit Schnee und Frost bedeckt,
die Natur hat Ruhe gefunden,
solange bis kommt mit aller Kraft der Frühling mit seinem Saft.

Das Wasser in den Bergen, Tälern, Flüssen, Meeren wird warm,
und das Leben der Natur ist voll im Gange.
Alles wälzt sich in der Wärme, sei es unter oder über Wasser.
Ja, ja, das Sommerlicht ist da.

Die Natur gibt uns viel zu sehen.
Die Kraft und Gestalt der Bäume,
wo noch ist die Landschaft friedlich und in voller Pracht.
Die alten Eichen zeigen uns
menschliche Gestalten in Form des Tanzes
oder der Phantasien,
durchlaufe mit offenen Augen diese Natur,
damit auch du dies alles siehst.

Gehe hin und sehe, wie die gefiederten Taucher sich über das
Wasser erheben,
mit den Flossen auf dem Wasserspiegel entlang streichen.
Hör in Stille zu, es klingt wie Musik.

Sehe zu, wie die Schwäne ihre Kreise im Wasser ziehen,
das bringt Dir Ruhe und das Gefühl für die Natur.

Gehst du alleine oder mit Freunden des Weges im Walde,
hörst das Singen und Rauschen,
sag dir laut und leise:
„Ich liebe das Leben!“

Die Vögel in der Frühe zwitschern fröhlich mit ihren Klängen.
Darum lasse uns den Tag mit Frohsinn beginnen.

Hier sitze ich am Meeresstrand und sehe,
wie die Wellen peitschen an die Felsenwand.
Mir wird klar, welche Gewalten hat das Meer;
wir Menschen können diese nicht halten,
da wir sind nicht gewachsen sind, gegen solche Gewalten.

Hast du jemals so einen Blumensegen
mit ihrer Blütenpracht gesehen?
Von Hand 14 Meter hoch die Madonna gestaltet
und in Form gebracht.
Die Augen strahlen, das Herz, es lacht -
mit einer Freudenträne bei dieser Riesenpracht,
in jener Zeit bei Tag und hell erleuchteter Nacht.

Hat sich die Erde nicht auch verändert?
Fluten, Stürme und Klimaveränderungen -
all dies sind nicht nur Zeiterscheinungen, oder?
Wir Menschen haben doch viel dazu beigetragen,
indem wir der Umwelt zu wenig Beachtung geschenkt haben.

Unser Erdball ist so klein - oder groß
und es gibt viel zu tun, damit Natur, Tierwelt und Menschheit
das Gleichgewicht behalten oder wieder finden.
Sorge doch für die Erde hier,
bevor das Weltall im Übermaß wird ergründet.

Das Forschen ist schon richtig im All,
aber vergessen soll die Erde nicht sein.

Pflicht

Die Pflicht in unserer heutigen Zeit 2000.
Wer zur Wahlurne geht mit bedachter Pflicht,
hat das Recht zu sagen, was er gedacht.
Der nicht Lust hat zu gehen, der soll nicht klagen
und hat auch nichts zu sagen.

Wir Menschen wurden geboren, um die Welt zu füllen.
Wer fragt schon, was sollen wir erfüllen!
Wir werden geboren, ohne zu fragen - und dann:
Wir lernen laufen, sprechen, hören und sehen,
wie soll es weitergehen?
Den Geist zu bilden, um die Arbeit zu beginnen.
Die Liebe, Gefühle und Zweisamkeit zu finden.
Das Leben mit Pflicht zu erfüllen.
Für die Vermehrung der Menschen zu sorgen,
bis die Pflicht ist erfüllt,
dann meist die Einsamkeit beginnt - und wer
fragt: Wie war das Leben!
Ganz einfach - es war eben so gescheh'n:
Die Kinder! Die Freunde! Die Menschen!

Haben wir Menschen vergessen, daß wir Menschen sind?
Sieh dich um - und du bleibst stumm. Muß das so sein?

Sei behilflich den nicht ganz so beweglichen Alten,
wo du auch immer bist;
denn auch du wirst diese Hilfe brauchen.

Jeder von uns Menschen sollte im Leben geben
was er zu geben hat:
Liebe - Hilfe - Bereitschaft - Trost - Mut - Zuspruch -
Freundschaft und Vertrauen.
Warum dies alles?
Weil wir hier auf Erden
im Verband der Lebensgemeinschaft leben.

Sind die Kinder der Neuzeit nicht mehr bereit,
ihre Eltern zu unterhalten
oder gar mit ihnen die Häuslichkeit zu gestalten?
Geh in die Länder des Südens und lerne,
wie diese Menschen die Alten ehren.

Du hast gearbeitet dein Leben lang, die Pflicht erfüllt,
nun gönne Dir die Ruh.
Das Werk, das du geschaffen hast mit deinem Geist und Händen,
sollen deine Erben weiter pflegen und halten.

Wir haben geschafft, gerackert und gemacht,
bis wir sind schwach.
Freunde und Bekannten sind gegangen
und immer weniger geworden. Ach.
Oh je, vielleicht darf ich noch etwas warten,
denn noch bin ich nicht so schwach zum Gehen.

Wir Menschen auf dieser Welt und doch so kleinen Erde
sind geschaffen, von wem, wie, wo, auch immer,
vergeßt nicht, auch wir waren Kinder,
viele von uns hatten Glück, umhegt und versorgt zu sein.
Drum denkt nun auch, da wir und ihr erwachsen seid,
an die Kinderzeit, helft bitte, wenn auch nur durch Kleinigkeit,
damit diese, die hilflos sind, etwas Wärme und Glück erfahren
in der so gepriesenen neuen Zeit.

Schuld

Der Untergang naht, muß das so sein?
Wenn Menschen mit Vernunft regieren,
kann so etwas nicht passieren.

Die Welt ist riesengroß. - Was wollen wir?
Das All ergründen, um neue Sünden zu beginnen.

Oh, ihr ganz Gescheiten, laßt doch das Klonen bleiben,
wenn nicht, wird Euch das Schicksal und die Natur
mit ihren Gewalten zeigen,
was Ihr gemacht in eueren Zeiten.

Verlangen

Wir sagen einfach: Ich hab Verlangen.
Man hat nach vielem Verlangen,
doch wer versteht das Verlangen!
Nur der versteht, wenn er versteht,
daß auch andere haben ein Verlangen.

Die Körper sind warm.
Warum auch nicht, es entsteht doch Verlangen.
Die Leiber bewegen sich, der Geist wird schwach,
die Wärme steigt zu dem Verlangen.
Die Lust beginnt und gibt Kraft,
zwei werden eins, bis das Verlangen ist vollbracht, so -
so sollte es immer gescheh'n.

Wie schön und warm sind diese Betten, die Körper bereit.
Bei der Berührung beider Körper entsteht Verlangen,
Begierde eben nach dem Körper.
Der Geist wird schwach, das Verlangen wird zur Lust.
Die Lust ist groß, kennt kein Verbot, warum auch. -
Wir sind doch froh und bereit in dieser Zeit.

Oh, meine Liebe, ich bin alleine, komm zu mir,
und alles, was dann geschieht, soll unser Geheimnis sein.

Ich sehe Dich,
kann es kaum noch ertragen,
ich will Dich haben,
aber wie soll ich's sagen?

Ich sehe Deine Brüste und habe Lust und Verlangen,
ein leichtes Zittern zeigt, ich werde schwach, gib acht.

Die Sonne schenkt uns ihre mächtigen Strahlen,
vermittelt Frohsinn und Kraft.
Der Mond und die Sterne bringen die Ruh
und die Lust in jener Nacht.

Nun bist du, meine Liebe,
für Wochen und Tage auf Reise gegangen,
die Tage sind ja noch zu ertragen,
aber in den einsamen Nächten kommt doch das Verlangen.
Warum bin ich nicht mitgegangen?

Sind wir Irdischen doch alle eins!
Und haben Verlangen nach dem anderen gleich.

Feste

Die Welt ist groß, wir Menschen sind in dieser Welt unvoll-
kommen und wollen doch alle vollkommen sein.
Nun ist die Zeit voller Liebe, Besinnlichkeit und mehr.
Warum denn nur zu dieser Zeit,
da unser Leben auch nur ist die Zeit?
Sollten wir nicht immer so sein wie zur Weihnachtszeit!
Gerade zu dieser Zeit wünschen wir Gesundheit, Fröhlichkeit.
Ist das immer die Ehrlichkeit?
Zu dieser Zeit, wo doch das Jahr vier Zeiten hat,
und in all den Zeiten brauchen wir Gesundheit, Fröhlichkeit und
Ehrlichkeit.

Die Adventszeit ist auch eine Zeit.
Die öffnet uns die Liebelei, bringt Glück - und Geborgenheit.
Vier Wochen öffnen wir täglich ein Fensterlein,
bis geöffnet ist das letzte.
Ist das gescheh'n, sind wir vereint für alle Zeit und erleben
noch viele Zeiten in Liebe, Freude, Glück, Geborgenheit.
Und sollte alles früher geschehen:
Mein und dein Wunsch sollen geschehn.

Geh mit Bedacht in die Silvesternacht, trinke, esse, tanze mäßig,
sonst kann's geben Krach in dieser Nacht.

Macht

Sollten wir Bürger den Politikern nicht einmal klarmachen,
daß nicht sie, sondern wir den Staat verkörpern.
Zu leicht wird vergessen,
daß wir als Bürger diese mit unseren Stimmen gewählt haben,
um unser aller Wohl zu vertreten.

Was wollen die Politiker: MACHT!?
Wer denkt an den Jedermann!
Doch nicht die, denn diese sitzen mit ihrer Macht.

NACHWORT

Schaue vorwärts

nicht zurück

neuer Mut ist Lebensglück

(Schopenhauer)

Dieser Spruch hat mich ein Leben lang fasziniert und begleitet in all meinen Höhen und Tiefen - ebenso wie die „Symphonien des Lebens".

Wie mich dieser Vers von Schopenhauer im Leben motiviert hat, mögen meine geschriebenen Worte aus diesem Buch die Leser auf den Wegen der Liebe, Freude und Zufriedenheit ebenfalls begleiten.

AUTORENPORTRÄT

Werner Eckert

geboren am 10. Februar 1930 in
Freiburg /Breisgau

Sohn einer Arbeiterfamilie - drei
Geschwister - Schulzeit während
des 2. Weltkrieges - dann Lehre
und Berufsausübung als Da-
menschneider - 1954 Wechsel ins
Versicherungsgewerbe und Hoch-
zeit - Seine Ehefrau starb 1982
nach langem Leiden an Krebs.

Auf der Suche nach dem Sinn des Lebens: 1985 Auswanderung
nach Spanien mit zeitweiligem Aufenthalt in Frankreich. In dieser
Zeit verstarb - wieder durch ein Krebsleiden - seine damalige
Freundin.

Nach all diesen Jahren ist dem Autoren *bewußt* geworden, daß
das Leben nur auf Zeit gegeben ist.

Zwischenzeitlich hat Werner Eckert eine liebe Lebenspartnerin
gefunden und ist wieder nach Deutschland zurückgekehrt - auch
mit der Absicht, sein Werk zu vollenden.